날개의 책목

원종열 시집

문학공원 시선 147

날개의 책무

원종열 시집

문학공원

시집을 펴내며

2008년 첫 시집을 내고
10년이 지나서야 2집 발간에 이르렀다
시작詩作에 게을렀거나 일에 바빴다는 변명은
궁색만을 더 할 뿐이다
10년!
아무리 강산마저 바뀐다는 세월이라 해도
세상은 굳이 변고를 겪을 이유가 없건만
2009년, 전직 대통령의 자살
2014년, 모두를 공황에 빠트린 세월호의 침몰
그리고 2016년에는 대통령이 파면당하는 일까지…
시상詩想이 분출됐던 '죽음의 색채'와 '아! 세월호'는
의당 희생자들의 영전에 받쳐져야 하겠지만
희대의 대리통치사건에는 시상이 궁핍했음을 밝힌다.
그리고 '시란 무엇인가'라는 의문은 지금까지도
다른 답장위에 같은 질문을 얹어 놓는다.
'언어를, 의미를 간결하게 재배치하는 작업'이라고
머리를 봉합했지만 마음 한 구석은 그 정의에 대하여
그 누구로부터의 우호적 동의를 얻고 싶다

끝으로 이 책이 완성되기까지 조언과 헌신을 자임해주신 (주)청해엔지니어링의 김영준 사장님과 직원 여러분, 탁월한 시평으로 시집을 빛내주신 안문길 평론가님, 책을 멋지게 출판해주신 문학공원의 김순진 대표님께 깊이 감사드린다

2019년 3월

차 례

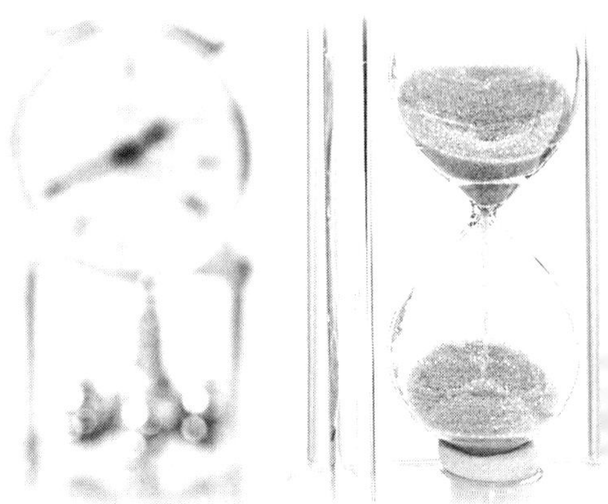

1부 시간

2부 누군가는

3부 인연

4부 無

5부 1집 '꿈' 중에서

1부 시간

시간

시간이 멈춘다면
진리는 태어날 수 없고
늙어가지 않는다면
시간은 태어날 수 없다
그리하여
삶은
다만 사라져가므로
의미를 성취하고
시간을 초월하는
모든 만물은
의미를 잃는다

나무의 외투

'홀로 설 수 있기에
누워 죽을 수도 있을 거야.'
나무는 나직이 속삭였다

살아있나
나무를 만져본다
말이 없다
죽어있나
껍질을 두드려본다
다시 말이 없다

분명 마음이 통했건만
분명 육신과 통했건만
왜 돌연
죽은 체
가만있는 것일까
나의 맨 살갗은
궁금해 안달인데

나무는
죽어서도 누울 수 없는
답답한 심정을 전하지 못해
두꺼운 외투 속에서
고뇌하고 있었다

삼월

고지서는 쌓이고
월말인가

휴대폰을 젖히니
삼월 지나 이틀째

무심한 사이
봄이 와 있었다

내가 세금에
막 안달 할 때
계절은
이미 나를
근심했던 것이다

평범平凡에 대한 재고再考

열등함을 그대는
거부했었다.
강물을 들여다보며
바다보다도 깊지 않다고
산봉우릴 바라보고는
하늘보다도 높지 않다고
나의 평범함을 늘
나무랐었다

그러하던 그대

허리를 넘지 않는
담장 높이에
얄잡아 뵐수록 행복하다는
끝 모를 마음의 심지에
문득 놀란다

초파리의 제국

손찌검 단 한 번에
초파리 운명이 좌우된다.
다리 한켠에 매달린
기생충의 운명
소화기관 한 구석의
박테리아 운명도

이미 쓸 없는
로마황제의 철퇴 같아
그 손찌검 당장
거두려는 찰라
덩그라니 이 녀석
로마제국만한 제 영토를
허공에
그려놓는다

용접의 기술

무식하게 용접해도 될까
물질에다 영혼을

재료를 들러 본 후
용접공이 묻는다

물질인 그대, 어디서 왔으며
영혼인 그대, 어디로 가는가

근원을 알아야만 용접을
시작할 수 있기에

전기電氣를 사랑한다면

그대여,
폭풍우 치는 날
번갯불 붙잡으러
굳이 밖으로 나가지 말라
자기장 훈풍 불어올 때
구리줄로 유혹하면
번갯불 스스로 걸어 들어오니
그리고는
캄캄한 밤
아버님 머리맡
스탠드를 켜기 위해
경주차보다 먼저 달려가고
이른 새벽
막내 등교 채비하시는
어머님 밥솥 덥히기 위해
제트기보다 빨리 날아간다네
아!
이 경이로운
번갯불, 자기장, 구리줄 가운데
어느 공로가 가장 큰가
나는 속으로 느낀다네
오로지 전기를 사랑한다면
모두가 같다는 것을

반가운 소식

온 기계가
인공지능을 달고
세상 온 일을 하게 되면
저 혼자서 일하게 된 기계는
인간에게
낚시만 해도 돼
당구만 쳐도 돼
바둑만 둬도 돼
막걸리는 낮에도 돼
섹스는 밤에도 돼, 라고
온통 선심 쓰던
그 인공지능 기계는
끝내는 억울하여
저 혼자서
노동조합을 만들고선
이젠
기계족속이 쉬고
그리곤
인간동물족속을
부려먹고 싶은 날이 온다면
실업자들에게는 참
반가운 소식이다

완벽체

인간은
진리 즉
완벽을 꿈꾼다

완벽체끼리는
다툴 이유가 없다

옆집 아낙네 둘이
자신만이 옳다며
싸우고 있다

한쪽만
완벽해지면
사라지는 진리

S.I 바이러스 *

무서워진다
더욱 무서워진다
더더욱 무서워진다

미지의 정체 스며들어
스르르
내가 죽는지
네가 죽는지
모두 죽는지
공포가 엄습한다

순간의 삶 넘어
영존하고 말 종족에게
종적種敵이라곤 이미
전무全無한 인간 족에게
이 난데없는 적군은

과학지식 영악도
철학지혜 오만도

---

* 2004년 4월 멕시코에서 시작되어 전 세계적으로 확산된 돼지 인플루엔자 (swine influenza) 바이러스는 사람과 조류 등의 외래 바이러스가 돼지체내에서 섞여 변종이 생성된 것으로써 사람에게 감염되면 사람끼리의 전염이 가능하고 치사율이 매우 높은 것으로 알려져 있다.

종교계시 믿음도
겁내 울 만치
무서웁다

그들이 인간의
경외심을 일깨울지
참겸손을 일깨울지
회의감을 일깨울지

아니면
영악을 더 키울지
오만을 더 키울지
맹신을 더 키울지

그리하여
공존 대상이 될지
대적 대상이 될지
공멸 대상이 될지

지구의
귀한 손님에게
그들만이 아는 비법으로
임상실험을 감행하는 듯하여

너무나
너무나
겁이 난다

아, 세월호

세월호는
자신의 모습이 싫었다
중심무게의 콧대는
천민자본족만큼 높아지고
다시 태어난 수명은
통치자 치매만큼 늘어진

세월호는
자신의 행동이 싫었다.
늙은 등허리를 짓누르는
무지한 짐짝 한켠에
무구한 아이들을
동승케 한

그래도
아! 세월호는 떠나야 한다

중심이 흔들려선 안 돼
화물이 쏠리어선 안 돼
고장이 도져서는 안 돼
출항 전 조바심에 늘
기도부터 하는 선원들

그런 잠시
아!
모든 게 멈추었다
재물주의 콧대가 내려앉고
통치가 표류하고
짓눌렸던 등짝이 해방되자
아이들은 소리 없이 침몰한다

그 날이 왔다는 듯
선원들 달아나고
등 뒤로 목소리들이 절규한다
아! 선생님, 아니 우리의 어른님
진정 몰랐습니까

발전을 핑계 삼아
자본이 우리를 농락하는 줄
이 몽매한 고철덩어리마저
밀려드는 죄책감에
저 홀로
울고 있는 줄

모름지기 재개발* 원뜻이란

개발은 곧 발전發展이라서
발전은 곧 선행善行이라서
'재개발은 참 선행이다'라는 정의
감히 의심함은 결례 일 법도 한데

그 금기禁忌를 일개 백성으로
까맣게 몰랐던 불경죄로
그들은 산채로
발전이 완성된 옥상층에서
어제와 오늘의 일상 간격이
발전일 수 도 있겠다는 생각이
겨우 자리 잡히자마자
물대포에 밀려
옥상을 넘어
하늘을 넘어
발전 저 너머
영원 속으로 추방되고 말았다.

생성의 그 순간부터

---

* 도시재개발사업의 대표적 성급한 사례로 잘 알려진 서울 용산 한강로 2가의 상가건물 철거작업은 세입자들의 저항과 경찰, 철거 용역직원들의 과잉진압으로 인하여 물리적 충돌을 야기하였으며 2009년 1월 20일 현장에서 5명이 사망하고 23명이 부상당하는 참사로 이어졌다.

낡아지고야 마는 모든 것들은
그 낡음에 순종하며
자족하는 법인데

또한 늙지 못한다면
존재 할 수가 없어
젊음도 늙음과
동거해야 하는 법인데

그런 법에 기대어
근근이 살아가는 동족에게

서둘러 낡아 곧 소멸되라 한다
서둘러 늙어 곧 멸망하라 한다

모름지기 재개발의 원뜻이란
어제와 오늘이 포옹하여
공존의 내일을 피워낼
훈훈한 난로는 못 될지언정
멀쩡한 난로를 깨빡치다 못해
폐허된 가난에
모닥불 생명에
차디찬 물세례를 퍼붓는

잔혹의 무례이어선 안 된다

그대, 재물주의여

2부
누군가는

누군가는

누군가는
느리게 걷자고 말한다

단지 안 멈춘다 해서
진보라 규정 할 수 없듯이

빨리 가는 것 또한
종착을 넘기 위함이 아니듯이

느린 걸음을
퇴보라 말 할 수는 없다

쉬어서 감이 결코
멈춤의 목적이 아니듯이

누군가는 천천히
쉬어 가도 좋다고 말한다

그대는 선善해진다

근심을
보듬다보면
문득 시가 된다.
시상詩想이 범람할 때
감정은 순종한다

함박눈
더 이상
땅이 드러날 수 없도록
무릎 너머로 쌓이고
마침내
사랑이든 미움이든
하얗게 덮일 때

아, 그대여
만물이 단순해질 때
그대는 선해진다

12월의 일일찻집에서

겨울 눈싸락
다투어
대기를 가르고
뭇 생명들
편 갈라
서로를 증오할 때
아! 나는
만인이 만인에서
멀어질 줄만 알았다

하지만
철없던 후배
자선회 한답시고
일일찻집에서
박자 마디마디를 존중하며
그리움을 노래하는 순간
아, 그대여
12월의 삭풍조차
고운님의 뜻임에 나는
무한 상념에 젖는다

공평

볼 수 없는 두 눈 위에
어둠이 내려앉은 것은 공평하다

귀가 없는 아름다운 꽃
요란한 벌들 유혹함은 공평하다

코 없는 말똥구리 홀로
악취 속에서 살림함은 공평하다

말 못하는 키 큰 나무
빈 하늘에 짓는 한숨은 지당하다

완전지知에 이른 감각세계
죽음처럼 고요함은 지당하다

삼겹살 뚱보

뚱보는
무생체에 반기를 들고
이 땅에 태어났다.

뚱보답게
통통한 배는
상징처럼 성장 중이고

무생체가
말리든 말든
나름 험한 길을 가며

종교적的이
조언하든 말든
진화를 거듭해가는

그대의 새 이름은
뚱보의 새 친구
삼겹살 뚱보

게 껍질 진화론

게가 옆걸음 칠 때
속살은 전진하려 했다
아!
갑각류 껍질에 무슨
모순된 과거가 있나 보다

'나는 본시
 살을 움직이는
 뼈이었으나
 겁 많은 살이
 나를 유인하여
 껍질행세를 하게 했습니다
 이 난데없는 행실로
 어쨌든 그 이후론
 살이 통치를
 하려합니다'

먼 훗날 어느 영장류
투구와 갑옷을 입고
승승장구했던
제국역사를
아련히
떠올리곤 한다

예술의 몫

철학이 회의懷疑로
진리그릇을 빚는다면

종교는 믿음으로
진리구슬을 가득 담고

과학이 감각으로
구슬에 오색이름을 부치면

찬란한 보석으로 엮는 것은
예술의 몫

왜 사는지 알고 싶거든

꽃은
아름다워지고 싶어
꽃으로 태어나고
사자는
제왕이 되고 싶어
사자로 태어난다

그러한데
못난이 나무늘보는
늘 그러하듯
한없이 느린 속도로
제 안식처를 찾고 있다

그대여
왜 사는지
알고 싶거든
나무늘보에게 물어보라

'꿈같은 세상에서
꿈만을 이루는 것이 전부라면
마냥 더디게 가는 이 좋은 세상에
아예 태어나지 않았다네'

휴식다운 휴식

내 인생에
복잡의 환영幻影을 지우려 합니다

복잡은
지식의 원천이지만
지식의 선한 의지를 어지럽히는
경쟁열망의 부잡으로부터
한걸음 떨어지려 합니다

무한구분의
필연으로부터
휴식을 얻어내려 합니다

생과 사가
하나의 동체임에도
쉼 없이 더 다른 것을
염원할 줄 수밖에 모르는
존재의 한 복판에서
휴식다운 휴식을

셋 중에 하나

뛰어내릴
엄두가 나지 않는
하늘 끝에 매달린
두려움이거나

아니면
서랍에 넣어도
사지가 꿈틀대는
짓궂은 열망이거나

아니면
구름을 바라보며
누워 흐르는
이슬이거나

아!
자연님이 명한
그대의 별난 모습은
셋 중에 하나

죽음의 색채

뇌물부정의 흙탕물 행여
속에 감춰진 수치심 드러날까
탁류로만 만대萬代로
탁류로만 손손孫孫을
요리 구불
조리 구불
흐르다가는
문득
물살이 바위에 부딪쳐
수치심 마지못해 공중에 튀어 오르면
아무렇게나 생긴 그 방울들
눈물 모양새로 솟구쳐 동정을 구걸하는 수치심
네 탓인 탓에 바위에 닿기도 전 마비돼버린 수치심
단돈 29만원으로 수치심을 되팔아버리는 몰염치
뇌물과 수치심을 몽땅 상속하는 몰염치
눈총들이 지치기만을 고대하는 몰염치
따위의 색깔을 드러내곤
아무 일 없었던 양
이내 탁류와 합류하건만
전직의 한 대통령
무리지어 흐르는
오색물결 저만치

홀로이 폭포에서 낙하하여
영원히 사라지는 빛깔도 있음을
알려준다

몰염치가 들끓는
그런 오색계는
권세란 모두
재물을 포획하려는 힘
일색인데
때로는
저 거룩한 명예마저
산산이 부숴버리는
말하자면
접어버림 또한
날개의 책무임을
전직 권력자는
알려준다

그렇게 그는
모욕과 수치라는 낱말이
뭇 단어 위계질서 가운데서
어느 권력보다도 높은 지위를 갖고 있음을
사전辭典으로는 알릴 방도가 없어
아!

만색萬色을 압도하는 죽음의 색채로
전했었노라고
알려진다

* 우리나라 第16대 노무현 대통령은 퇴임 후 정치관행인 먼지털이식 뇌물수수혐의 수사를 받던 중 2009년 5월 23일 자택 뒷산에서 투신자살하는 전대미문의 충격을 세상에 던졌다. 당시에 영국의 '에코노미스트' 저널은 그 소식을 전하며 그를 '미스터 클린 맨'이라 칭했다.

루소의 외침

선善이라 함은
생존의 만큼만
존재存在 안에 소유所有가
머무는 것이요
악惡이라 함은
생존을 넘어
소유가 존재를
구속하는 것이니

최초의 인간은
재물을 생존만큼만 취하여
악을 가두어 둠에
이는 곧 사회선社會善이요
훗날 인류는 재물로써
생존의지를 희롱함에
이는 곧 사회악의 원천이라
외줄기 인류사人類史
외로운 지구에서
살갗을 맞대고 있는 인류는
최대한 천연을 인공화人工化하지 말고
생존 넘는 재물들 드넓게 공유함이
곧 지구선地球善임을 알라

아! 어찌하여
은하수 끝자락
어느 행성
속내 굳이 알아내어
스스로 사회굴레에 예속된
가련한 인류여
그대,
영원한 자연이여
영원한 자유의 후손이여
시원始原의 비문秘文을 내 전하노니
인간의 선善이란
그저 무구無垢이었던지라
수도자들 이제서야 꿈꾸는
저 열반의 세상이로다
하지만 그들의 선지先知조차
꿈처럼 흘러가고 말아버리나니
생명의 역사란
그 어떤 의지로도
그 어떤 지성으로도
스스로를 지워버리나니

아,
문명의 벗들이여
뜨거운 가슴 속
솟구치는 연민
저 영원의 속삭임을
내 전하노라

이 땅 위 서로
등진 국가들을 통합하라.
흩어진 인문人文들 모두
무구의 거울 속에 넣어 바라보라
그리고
모든 재물로 하여금 선행케 하라

소외역사 농락에 맞설 줄 아는 자연인이여
최소한으로 참 자족할 줄 아는 사회인이여
문명 속 참다운 덕德이여
그대, 신新인류여

벗들을 위하여
대지를 위하여

3부
인연

인연

내가 안주 감으로
은행꼬치를 삼은 건
참 우연일까

암 은행이 짝 지으려
숫 은행을 만난 건
참 필연일까

부처말씀이
스치면 어떠하든
인연이라 한다

먼 훗날 우리
냉정히 헤어지든
아쉽게 헤어지든

헤어짐 없는
인연은 어디에도
없다 한다

인생이란

욕망이란
끝을 모르면서
끝을 넘으려는
끝없는 날갯짓

인생이란,
나를 모르면서
또 다른 내가 되려는
영원한 몸짓

디자이너를 꿈꾸는 딸에게

'두 눈을 깨워
마음 하나를 빼앗는 일'

그것이 디자인이라면
디자이너를 꿈꾸는 너는
언제나
해결의 고통
그 복판에 서 있어야 할 것이다

그러한 고통의 책무 앞에
그 무슨 위안이
그러한 직업의 숙명 앞에
그 어떤 충고가
가당하겠느냐마는

너의 길은 아마도
모르던 길을 앞질러 가는
없었던 문을 만들어가는
노정路程이라고
두려움을 떨치며
말하려 한다

너의 길 험난하고

그리하여
때로는
그 새로운 역사

성공은 필연의 성과인양
실패는 우연의 과오인양
변명하려할 지라도
그 기로에서 너는
한 치의 흔들림 없이
추호의 좌절도 없이
꿋꿋이 나아가야 한다

사랑하는 내 딸아

하지만
그 설레임의 역사
앞장서 고뇌하는 자에게
닫쳐진 문을 두드리는 모든 이에게
행복을 깃는 기회를 주기에

아!
'너는 그 미지의 기쁨

인류와 함께 나누어야 할 삶을

스스로 택했노라'고
옛 교훈의 진실을 아빠는
전하려 할 뿐이다

고갱이 타이티로 간 까닭은

고갱이 타이티로 간 까닭은
고호의 말투가
거칠어서가 아니다.
고호풍의 과장된 열정이
싫증나서가 아니다

고요한
섬

낙원에
생명력에
여인에게
순순히
이끌려서도 아니다

아!
고갱의
저 정지된 붓을 보라
만물은
영원히 미美를 탐닉하기에
그는 태초의 아름다움을
찰라로 억압키 위해
떠났던 것이다

깡패와 재벌의 대사구조

깡패는 쉼 없이
욕설을 뱉으려고
안 닫히는 아가리로 태어났고
재벌은 평생을
축재부정하려고
안 열리는 배설구를 갖게 됐다

아닌가
항의가 빗발친다
항의를 끝끝내 막지 못한다면
운명을 바꾸어본다

깡패도
입을 오므리면
신사가 될 수 있고
재벌도
배설구를 열어두면
법망 걸릴 때
토해내지 않아도 되는

생존의 공로

애국가 막 울릴 때
왼쪽 심장으로 향하는
오른 손
'먹거리를 부지런히 내가
하나라도 더 집어 오기에
그대의 몸통
누구보다 더 튼튼한 것 아니냐'며
공을 세우자
오른 손에게 두근대며
왼편 심장
'쉼 없이 뜨거운 피를 내가
고루 나눠주고 있기에
우리의 몸 끝
어디도 마비가 없지 않느냐'며
속삭인다.
중앙에 모셔진 머리는
그 '우열 다툼'
정작 자신이 시켰건만
누구 말이 옳은지 몰라
무지의 열등감에선지
열등의 수치감에선지
반죽처럼 대충된 뇌수를
불투명한 뇌막 안에
감추어놓고 있다

문학이란

철학이 만일
무게 모를 고뇌를
등위에 지고
산을 오른다면

문학이란,
숲 어디서 날아와
등짐 위
벗하는 나비!

겸허의 진리

'엄마를 부탁한다'는
세계적 작가
신경숙님
황홀경을 선사했던
피겨의 여왕
김연아님

그대는 아는가
왜 그들은
아름다운 필력과 자태를
혼자서는 독점치 못하는지를

그대여
나, 이제야
그 뜻을 알겠네
완벽을 꿈꾸었으나
그 꿈을 이루지 못했음을
고백하는 대자연
아!
그 겸허의 진리를

오늘도 어제처럼

「지구가 도는 한
시간은 할 일이 있다.」

태양과 달이 바다에게 전하자
갯바위는 소라 같은 귀에게
파도소리로 알린다

오늘도 어제처럼
달님을 배웅하고
밝은 햇살을 맞이한 아침 8시는
순환선 정류장에 샐러리맨들을
밀물처럼 채워놓고는
썰물처럼 거두어버린다

다성채茶誠菜*

그 진정한 미각
허기로 유혹될 느낌이 아니며

희귀한 나물은
정성을 자랑키 위함이 아니다

간절한 뜻있어
손님의 건강만을 염원하기에

그 마음 다성채
손님화색으로 화답될 것이요

맛변덕 요동해도
전통솜씨의 절개 변함없으리

* 다성채는 저자가 거주하는 동네이웃의 한정식 음식점 상호로써 친절한 주인에게 증정한 헌시임.

꿀밤 한 대도 주지 않으면

사회주의가
자본주의를
책으로 깔보고
자본주의가
사회주의를
돈으로 망신 준 다음
멀쩡한 김구 선생을
멀쩡한 조만식 선생을
저 고결한 하늘로
한반도 정치꾼들이
추방시킨 후
아이돌들이 자라나
독재당
민주당
무당파로 나뉘어
기호 3번이 당선되던 날
아! 드디어
한반도 통일이 오던 날
1, 2번들에게
분통이 식지 않은 이들에게
화염방사기는커녕
꿀밤 한 대도 주지 않으면
그날이 진정
통일의 날

입의 황망한 재주

시각은
착시에 무력하기에
지그시 두 눈을 감았다
청각은 근거 없이
본 것을 의심하기에
양쪽 귀를 막았다
그런 순간
볼 수도 들을 수도 없는
순진한 코에게
먹을 걸 들이민다
코를 믿고 나는
꿀꿀 우는
돼지 인형을 씹었다
호되게 당한 입은
코와 그 일당들을
증오할 것이다
삶이 위태해진 입은
이따위 감각들에 기대지 않고
다른 재주를 궁리한다
'살려 달라'고
소리치는

욕망의 용도

「영양분이 육신을 관통해서는
욕망의 최고이념을 이룰 수 없다.」
이 말을 엿들은 영양분은
악착 같이 머리를 똑똑하게 키워
우주보다 더 먼 관념
미립자보다 더 좁은 세계를
섭렵할 것을 명하지만
'무모한 희망'의 목록에는
'그대의 머리는 우주보다 턱없이 작고
미립자 속에 넣기엔 황당한 크기다'라고
적혀 있어
냉정히 다시
욕망의 용도를 매김한다면
그저 예처럼
다른 집단과 다투는데 쓰이거나
아니면 나를 내세우는데
쓰이는 정도

4부

無

무無

존재의
원초적 두려움

또한
알 수 없는
탄생의 근원

신神의
반대편에 있는
삶의 주소

허망

삶의 허망은
누구의 책동인가

만 송이 벚꽃으로
하얗게 스러지던 자연님은
한여름
꿈의 언덕에서 울고
늦가을
빈 들판에서 울었다
그리고는
봄의 길목에
투명하게 지워질
눈꽃 춤추며
빙긋이 웃는다

한 뻠 몸짓이었음을

꽃은
제 몸을 나누어
봉우리에게 명예
잎에는 풍요를 주고
뿌리에게는
흙 뚫는 노동을 사역한다

대초원 또한
사자에게 권세를
얼룩말에게는
살진 엉덩이를 선사하고
말똥구리에게는
청소부의 노고를 명령하는데

지난 날 나의 삶
명예와 권세를 부러워하고
재물을 얻고자
세상 속 분주하였으나
아!
고단한 그 여정
피었다 그 자리에서 지는
어느 들꽃의 한 뼘
몸짓이었음을…

절이 싫으면 배회하라

절이 싫어
혼자 남은 중마저
떠나거든

삶이여 배회하라

죽음에
기대어 있는 삶
어찌하지 못하거든

지진이 드러내는 천진함

우직한 열정
이성理性의 술래놀이에
영혼을 찾으려 정신 팔리듯
후쿠시마 아이들
지진의 혼돈 속에서
천진스레 장난에 빠진다

그러한 날
서울의 어느 목자
그 참화의 기원을 두고
일본 땅
기독신앙의
부재不在를 탓했다는데

아, 그 천진함
어찌하여
자연에
기생寄生하는 문명을
지배하는 문명이라 착각하는

과학의 천진함을 굳이

닮으려 하는지

* 미증유의 후쿠시마 대지진으로 말미암아 일본의 전 국토가 고통을 겪고 있는 중 2011년 3월 12일 여의도 순복음교회 조용기 목사는 이 현상을 두고 '기독교의 하나님을 멀리하는 일본국민의 우상숭배, 무신론, 물질주의로 인해 야기된 결과'라는 발언을 함으로써 우리나라와 일본사회에 물의를 일으켰다.

하늘세상만큼이나 넓어

온 구름 머물 수 있게
자신을 비운 하늘처럼
드넓은 마음 있다면
비록 그대의 몸
영토에 묶였더라도
그대의 마음이면 좋겠소.

남동 편풍의 자본주의
섣부른 오용誤用에
소외가정들 쌓여가고
북서 편풍의 사회주의
과다한 모방에
소외인민들 나뒹굴 때
그대
절름거리는 역사 앞에
등 돌리며
서롤 향해 그저
냉소짓기보다는
실소라도 허심 흘리며
연민의 정 서로
나눠봤으면 좋겠소

토막 난 이 땅 하늘보다 넓기엔

턱없이 모자라지만
그대의 마음
하늘세상만큼이나 넓어
그 마음 무엇이라 불리던
그 주의主義 무엇이라 불리던
아! 그대여, 남과 북
영원히 함께
간직했으면 좋겠소

먼 훗날 과학꽃 만개한다 해도

먼 훗날
과학꽃 만개하면
안드로메다에서 나는
맨드라미꽃을 가꾸리라
정체 모를 성운에선 안개꽃
곧 잊혀져갈 별에선 물망초를
그리고
은하수 끝자락
조그만 위성에 닿으면
그 꽃씨들 뿌려
우주의 향기
내 뜨락에 머물게 하리라
그렇게
온갖 아름다움을 섭렵하다가도
어느 겨울 백발이 되면
아, 그대여
그대 살고 있는 별
봄꽃 만발할 때
그 곳 갈 수 없나니
먼 훗날
과학꽃 만개한다 해도
지나 온 시절이나
회상할 수밖에

아름다운 나비가 먼저

'죽어지지 않으면
살아지지도 않는 거야' 하며
한숨짓는 그대의 모습은
하늘에 하늘대는
나비가 아니라
절벽 비스듬 피인
꽃이었네

그 가여운 꽃을 향해
벼랑 끝으로 나는
한 걸음에 달려갔건만
아름다운 나비가 먼저
꽃을 위로하고 있었다네

그리움을 외치다

당신은
보수保守인가
아니면 진보進步인가

장맛비 사나흘에
햇볕 어이 그립지 않고
가뭄 볕 서너 달에
빗방울 또 아니 간절하랴

아!
그렇게 나는
빈 하늘 번뇌하는
구름이고 싶었어라.

그대여! 오로지
준산駿山의 높은 키만으로는
광야廣野의 넓은 품만으로는
낙원을 기약 할 수 없는 법
그리움에 시들어가던 나는
뒤돌아
외치고 싶었다

장마철
드높은 산봉우리
구름왕관 자랑치 말고
가문 날
들판 해바라기
태양을 칭송치 말 것을

어느 묘지에서

형상이
허물어진 자에겐
아름다운 음악이 들리지 않는다
그는
침묵의 진리만으로도
자족할 수 있기에

욕망의 거미줄

욕망이 제풀에
거미줄을 만들어
나에게
집을 지어주고
그 속에서
거미가 되어버린 나는
동심원 가운데
평생을 살았던 나는
언젠가 작별할 때면
그 곳이
세계의 중심이 아님을
알게 될까

5부
1집 '꿈' 중에서

꿈

꿈이란
그 속뜻은 희망인데
언뜻 이해하면 욕망이다

희망은 벗어남이요
욕망은 쟁취함이다

벗어남은 계량이 되나
쟁취함은 한도가 없다

그러니 순간 꿈은 오직 한 사람이
하나뿐인 우주를 온통 소유해도 좋으리

다만 나비가 코스모스 꽃잎을 다 점유한다 해도
꽃송이는 줄기를 의지하기에
줄기는 뿌리를 의지하고
뿌리는 대지를
대지는 다시
이 우주 코스모스에 매달려있기에
그리하여
우주는 우주에 묶여
잃지도 얻지도 못하기에
사람의 꿈이란 그저 그 안에서
그 무엇인가를 사랑함으로 족하리

통일로

통일로 무악無岳언덕 복판에
강아지 한 마리가 누워있다.
변을 당해 쭉 뻗은 향向이
북향 또는 남향의
의미 있는 자세는 아니다
'길 건너 친구나 만나려고
가는 중 이었습니다.'라고
항변하고 있는 제스쳐 위를
무자각無自覺의 차바퀴들이 직각으로 질주한다.
통일 안 된 통일로에서
겨우 개새낄 하나 죽이려고
말하자면 차들은
거창한 남북진을 하고 있었던 것이다
그게 몹시 기이奇異하다는 듯
강아지는 벌떡 일어나
남겨진 절반을
유유히 건너가버린다
그 놈 참 영특도 하지
비록 꿈이지만
내 간담을 서늘케 할 줄 아니
허나 멍멍아 나는
오랜 술버릇에 간이 무뎌져가니
의미심장한 몽상일랑
이 다음엔 젊은 너
스스로 꾸려무나

생시生時

한 노인이 흐르는 강물 붙잡으려 그물을 던지니
강물은 저 멀리 달아나고 물고기 한 마리 잡혔더라
그 물고기 풀어주려 그물을 끌어올리다가 노인이
힘든 나머지 쉬는 사이 잠시 졸게 되었는데
죽는 꿈이 나타나
깜짝 놀라 깨어보니
물고기는 강물에 떠있고
노인은 강바닥에 누었더라
물고기가 그 노인
죽었는지 살았는지 걱정되어
「오래 머물면 그 곳에 묻힐 위험이 있으니
물 표면으로 올라오세요.」라 전하니
노인이 이르길
「네 눈 속에 있는 내가 진짜 나 일 수 도 있으니
걱정마라.」하며
물고기에게
「네가 태어나 참 세계가 무엇인지를 여태껏 모르고 사는 너는
'지금 꿈을 꾸고 있거나' 아니면 '환상 속에 살고 있거나' 둘 중 하나 일 테니
네가 진짜 생시에 있는지 아닌지를 알기 위해서는
나를 건져보아라.」함에

물고기가 당장 그물을 던져
강바닥에 누어있는 노인을 건졌더니
노인은 떠오르지 않고 그물에 물만 적셔지더라.
이때 그 바닥에 있는 노인이
「지금 내가 있는지 없는지조차도 모르면서 어떻게 그물부터 던지느냐.」 라고 호통하며
「네가 내 말을 어림잡아 이런 황당한 일을 하는 것을 보니
너는 생시가 아님이 분명하다
만일 생시라 해도 그 삶은 깨어있는 삶이 아니다.」 라고 이르매
물고기가 묻기를
「어찌하면 제 삶이 깨어나 당신을 진실로 건질 수 있겠습니까」 하니
노인이 이르길
「강바닥에 누운 나와
강물에 비친 나와
네 눈 속에 있는 나를
동시에 건져야 하느니라.」 하였더라

구속과 자유

쇼펜하우어는 생生의 본本을 의지라 하고
와일드 엘자*는 그 의지를 향유하였다

아침부터 가난에 술타령하는 친구는
돈이 인생을 구속시킨다며 탄식한다

부처는 사는 것이 본시 구속이라 하고
예수는 내세來世 믿으면 자유로워진다 한다

공자는 무지가 삶을 구속시킨다고 하고
맑스는 재물이 의지를 해방시킨다 한다

사회주의자인 맑스를 싫어하는 우리친구
허나 인생관은 부처 예수 공자와도 다르다

아, 삶 이전에는 의지가 필요 없었을 테니
구속, 자유도 이 모든 이에게 관심 없었으리

---

* 와일드 엘자 : 영화 '야성의 엘자'의 주인공인 암사자의 이름

목우촌*

목우촌 주막에는
웬 걸 막걸리는 없네

독일 맥주집이죠
동네이웃 정 넘치는

독일안주 찾으면
골뱅이무침 나오고

치킨은 양이 많아
소주도 어울리는

안주인 잘 계신가
솜씨는 여전한가

궁금한 척 들르는
해저물녘의 술자리

* 목우촌 : 동네이웃의 조그만 호프집 이름

광풍 IMF

가을비가 내린다
어제의 서러움 남아 오늘도
비가 되어 내린다
어제는 울며 떠난 님의 얼굴
오늘은 혼자 남은 나의 가슴에
내 님의 그 뒷모습
마른 잎 그리움 속에 다시 젖어들건만
그늘진 날의 저 애끓는 상념들은
아! 속절없이 낙엽 속에 묻혀져 간다

시냇물 강줄기 손잡고 건너 건너
눈보라 태산준령 위로하며 넘고 넘어
산 한 자락 양지에서 아이들이 자라나고
밀려드는 가난 쫓으며 한 몸 된 시절 있었지
비를 맞으며 나 오늘
회한의 그 가을을 회상한다.
조그만 오두막 느닷없는 광풍에
행복의 맹세는 풍비박산되어 사라졌다오
일상의 평범 문득 어둠 속으로 사라졌다오
세상의 꿈들 모두 허공 속으로 사라졌다오
그 미친 회오리바람에 어찌 내 고운 시절만이
흩어졌겠으랴
그 삭풍 얼음바람에 어찌 내 주름진 눈만이
흐려졌겠으랴

누가 일으킨 광풍이더냐
창 밖에서 떨고 있는 너희들이더냐
이층 창가에서 서성이는 너이더냐
가여운 풀뿌리까지 누이는 저 먼 곳의 편풍이었더냐
홀로이 미쳐버린 바람이었더냐
그 실성한 삭풍에 어찌 내 가슴만 뚫려 시렸겠으랴
그 서러운 빗물에 어찌 내 몸만 처량히 젖었겠으랴
그대여 나는 지금도 그칠 줄을 모르는 그 비를 맞으며
단란했던 옛 시절의 상념에 눈물짓는다오
1997년의 늦가을을 잊으려고
나의 회한을 잊으려고
이웃의 생생한 아픔을 잊으려고
하염없이 젖고 있는 낙엽 위를 걷고 있다오

먼 훗날 비 개이면 이 아픔들
자라날 아이들 웃음이 잊게 하려나
진정으로 잊게 하려나

진정 잊혀 지려나

2008년도의 자영업자

아내와 다투고 나서
돈 못 벌어 나 얼마 못가 투항하고 나서
시름 덜려고 길 나서는데
막걸리 신셀 지려고 장터로 접어드는데
웅성이는 한편에서 외침이 들린다
「만사萬事는 공사空事이니 이윤에 집착하지 마시오
우리의 일생은 본시 구도求道하는 일에 더 적합한 것이오」
「지금이 어떤 서슬의 자본시대인데, 요즘은 더구나
매사에 악착해도 입에 풀칠하기가 범사가 아닌데」
허탈해 하며 등 돌리는 상인商人들은 그렇다 치고
광경이 민망한 나는
흔들리는 그 곳을 막걸리고 뭐고 막 빠져나가려는 찰라
골목 끝에서 다른 말씀이 발길을 막는다
「삶은 허망이 아니요 그 치열한 생김새처럼 끝내
영혼으로 진화進化되었고
그 질량은 측정 불가하나 단지 내 말처럼 한없는 것이니
인생이란 그야말로 이윤이 절로 보장되는 부동不動의
밑천 아니고 뭐겠소」
2008년도 한국의 자영업자들은 거듭 망연자실이다
오늘의 끝 간 데 없는 불경기는 이윤은커녕 적자가
일상이니 어쩌랴
한편 나는 이 모든 착잡의 상황을 목도함으로 인하여

오히려 시름만 더 깊어지게 되었고
본의 아니게 감히 국내저자 정세까지 기우하게 된 것이고
그리하여 제 주제도 모르고 쏟아낸 푸념이란

「원컨대 극동의 철학제현들이여, 그 전통의 기氣철학
덕으로 희대의 이 난감한 우울기 현상이
가셔진다면야 모를까
정 아니면 시방 이 저자거리에서
이미 철거 돼 버린 '벌이나누기 논리학' 재개발사업이라도
시름 많은 벗들과 함께 해보시면 어떨는지」

백수白手의 한 해를 다시 보내며

올해도 의무를 다 못한 채 정해년丁亥年 역시 슬며시
빠져나가는 틈새로
저만치 거들먹거리며 오는 소리가 60년 묵은 무자년戊子年
망령의 것인가 싶더니만 전화가 온다.
그 백수친구 대뜸
「너 아직 살아있네」 이다
「너나 무덤 속에서 전화질 하지마라」 핀잔하니
사과겸 한 잔 하잔다.
나는 술자리까지도 분憤이 남아
「학교에서 남들 공부 할 때 너는 커닝이나 하고
남들은 정규휴식시간에 쉴 때 학칙에 무지한 너는
아무 때나 쉬고
친구들 잠잘 때 내일 마실 샴페인을 간밤에 터뜨리고
365일을 내내 흥청 건들거리더니
퇴교당해 결국 살았어도 죽은 백골 아니 백수신세 밖에
더 되었느냐」 하니
그 친구 펄펄 뛰며 그 이야기는
자신에게는 전혀 해당 안 된다며
「나는 어른들이 시키는 대로 열심히 공부한 죄 밖에 없으며
언제부터인가 대학교 간판들이 까닭 없이 난립하기 시
작하더니만
사회적응에 아무런 소용도 안 되는 학력남발을
일삼고 있으니

따지고 보면 실은 그 대학들의 사회역할이 백수인데도
공허한 그 곳을 다녔던 우리가 백수라고 모두들 착각하
고 있다」며
몹시 억울해 하는 것이었다
나는 잠시 생각하다가
「설령 그렇다 하더라도 올해부터는 더 이상
죽어지내지만 말고
누구이든 그 망부석 같은 운명의 처지는 안타까이
생각해야 하니 살아 번듯이 활동해야 할 학생 심지어
자영업자, 기술자들까지 마냥 망자취급을 받게끔 하고만
'저 국가부도의 조성능력과 그 화려한 수습능력'을
기념하는 차원에서
너라도 나서서 그 '황당한 능력들'이 어디서 기원했는지
연구하는 모습이라도 한번 봤으면 좋겠다」고
그 친구를 짐짓 다그쳤지만
기실은 나의 내분內憤 어느새 의분義憤으로 변하여
펄펄 끓는 탓에
차가운 막걸리를 황급히 그 속에다
들어붓고 만 것이었다

외로움

혼자임을 알기까지는 내게
참외로움은 없었지
가족들 사이
친구들 사이
세상 속 사이에서
외로움을 알기까지는 나의
참혼자됨은 없었지

천지간에 혼자임 된다고
그 외로움 누가 알아줄까만서도
한낮이 홀연 한밤 되고
옛 신념 심판받던 날
낮과 밤 갈라놓은 빛
닿지 않는 어두움 외면하던 날
혼자임에 내 울던 날
내 안의 외로움 친구되어 주었지

외로움도 긴 동안 사귀면은
다정한 친구가 되어갈까만서도
참외로움과 사귀기 전까지는
혼자라는 친구를 몰랐지

예행연습

미리 죽어보는 연습을
경솔히 감행한다고
철학을 범인 다루듯 하고서는
매일 자는 잠까지 공범으로 모는 것은
인생을 더 비천하게 할 뿐이다
'삶이란 그저 죽음의 예행연습 대상임'이라는
오판誤判을 가능케 하기 때문이다
삶에의 평가가 이따위면
철학이야 당장 끊으면 그만이지만
졸리운 만근 눈꺼풀은 어떻게 분리하나
생각을 바꿔보기로 한다
잠이란 살기 위한 준비를 하는 것이라고
이틀을 살기 위해 하루 흔쾌히
저승 나들이하는 것이라고

허면 영면永眠하는 것은
더 영원히 살기위한 나들이

그렇다면 철학 같은 거
깨달음 같은 거
종교 믿는 거 같은 거
천천히 나중에 한들
늦을 거 없으리라

칸트

몸 밖 다니는 이성理性은 법칙을 따르게 하고
우리의 육신 수이 허망 됨 애처로워
몸 안 머무는 이성에겐 자유를 존중케 했던
그는

실재實在라는 이 명백한 느낌
차마 거짓환상 될까 두려워
감각인식의 저급한 농간을 막으려 했던
그는

그리하여 신神에 대한 원초적 갈망
끝내 순수이성의 계단 끝에서 이루게 했던
이성의 치열한 비판자
이성의 순수한 옹호자

애증의 질서 세우려
선험先驗세계 먼저 탐색 후
속 이치의 갈등산맥
함께 들어가 넘어야 한다고 했던
그는

그 사색의 오솔길 입구에
아름다운 자연풍광을 놓아 그곳이
선험세계의 정문임을 기어코 알려 주었던
그는

냉철한 사색의 교사 그러나
따뜻한 휴머니스트

질서와 혼돈

「나는 존재한다.
고로 나는 질서에 의존한다.」
잔리와 선善 또한
진리란 질서의 포착
선이란 질서를 붙잡아 일으킴
이라고 고백할 뿐이기에
혼돈으로 질서가 요동키 시작하면
진리는 질서 구분치 못해 방황하고
선 역시 질서 못 세워 난감하리라
그리고 미美는 늘 그렇듯
뒷짐 지고 모른 체 바라다만 보리

그러한 어느 날 혼돈이 심장까지 밀려온다면
심장은 새로운 맥박으로만 고동치고야 말텐데
진리와 선은 옛 맥박의 몸을 갈망함에
나는 곧 정신과 몸이 다투는 전장戰場의 도가니가 되리라
이런 모순위기에서는
미가 나서서
혼돈에 다가가
그 낯선 고동소리 들어주면 좋으련만
그렇게 마냥 내버려지면 나는 종국
정신은 혼미해지고
몸은 피폐돼버리고 말텐데

하지만 미가 그 고매高昧의 뒷짐을 풀고
혼돈과 혁명동지임을 감연히 자처하고
그리하여
모순이 융합되어 미래가치가 주조鑄造되도록
진리와 선을 담금질 할 수 만 있다면
「나는 혼돈스럽다.
　고로 나는 아름다움에 의존한다.」

더 약게 사는 법

태어나선 죽어라 살아갈 사람
사노라면 사는 만큼 죽어갈 사람
그런데 죽어간 만큼은 살은
그 알다가도 모를
그런 목숨 미덥지 않아
유전자가 사람행세에 나섰는데

그놈은 슬쩍 사다리를 놔서는
약빠르게 한 단을 건넌다
주인은 놔두고
이승에 혼자 건너온다
순간 우쭐 살아있다
헌데 가만 보면
그 놈도 당당할 모습은 아니다.
간신히 연명할 뿐
연실 아슬아슬
겨우 한 단 뛰기 곡예로 자족하는
그래서
그 짓 멈춰야만 영영 안심됨을 영 모르는

아닌가
아닌가 보다
멈추지 못할 무슨 사정이 있는가 보다

그렇다면 언젠가 내가 더 약아져서
그 건너뛰기 훨씬 더 멀리 하는 법을
가르쳐줘야겠다

니체

사람은 언젠간 죽노라 하니
권세를 누릴 만치는 살아야겠노라 하더니만
느닷없이 신神은 방금 전에 죽었노라 하였더라

신이 있고나서야 있었던 나
신이 살만하다 하기에 살아있는 나
신이 천국에서까지 함께 살자 하기에
그럭저럭 살아가는 내 처지를 뻔히 알면서도
신과 단호히 절교 할 것을 부추겼다 하더라

니체가 태초와 종말의 울타리를 부수어
영원에다 이미 방류해 버린 시간을
이제와 다시 주워 담아오라 한들 뭣하랴
예수님이 지구에 갇혀있음을 알고는
우주를 삼킨 큰 사자를 풀어 놓고서 그 작자는
다른 우주로 떠난 지 한참 되었다 하니

모두가 순간순간의 진실을 좇아
하루하루에 매달려 살아가건만
무한회귀無限回歸 욕심 하나에 어찌
나중의 내가 처음의 나를 끊어내어 버리나
오늘은 어제의 기억으로 시작되고
영원에의 신념도 탄생의 마디에서 솟는 것이거늘

하지만 그 작자는
'신도 없고 나도 없는 빈 무덤조차라도
영원을 향한 정열만은 꼭 품고 있어야 한다.' 당부하며
'무한이 윤회하여 현재가 되는 날
그 때에 오겠소.'하고
떠났다 하더라

평등산平等山

‘세상 넘기 힘든 산은 태산이오.’
‘아니오, 세계의 지붕 에베레스트요.’라며
정복자들은 다투지만
내가 넘고 그들도 넘어야 하고
사노라면 그 누구라도 넘어야 하는
온 세상이 넘어야 할 산은
평등산이오
그리고 탐욕의 태산
명예의 에베레스트이면
평등산은 긍휼이오
티끌 산더미가 아니라
금빛모래알 성이 아니라
부스러져가는 바위 제 몸이오
탐욕과 명예의 그 억만 씨앗들
내 몸에서 모두 헐어내어
피라밋과 바벨탑을 쌓게 하고
먼 훗날 그것들이 버려지고 나면
버려진 나는 바위가 되어
그 씨앗의 몸을 다시 헐어내어 버리는
평등산, 그 윤회산은

고고한 그곳을
정복욕이 아니라

너를 밟는 게 아니라
나를 밟고 오르는
마음이 마음을 넘는 산이라오

궁사와 판사

X방향 화살벡터는
3차원 학문울타리 넘어
4차원 생활우리로 향했다

궁사는 수학선생님
한 차원 높은 인간사소굴
그 태생의 비밀을 해부키 위해

태초부터 시간은
물리학법칙에 순종하여
억 광년 우주를 편차 없이 흐르는 기준

인간사 시간은
오색五色마음 위에 군림하여
언제라도 진실을 허구로 만드는 역사

두 얼굴의 시간은
화살이 미동하던 순간도
소굴을 변질시켜 놓았을 터

아! 찰나의 인생 이 삶은
맥박의 질서를 섬기는 척
요망하게 건들대는 여적餘滴의 욕망

더 이상 그 벡터는
해부용이 아니다, 심장에 기생하는
변절역사를 해체시켜야 할 도구일 뿐

역사의 아들 판사는 늘
그 소굴 한복판에 좌정되는 법
X방향 벡터는 거기서 정지되었던 것

* 김명호 전직 수학교수는 성균관대학교 재직 당시 대학본고사에 출제된 입시문제(벡터에 관한 수학문제)의 오류를 학자의 양심으로 지적하였으나 대학 측에서는 무슨 이유에서인지 오히려 김 교수를 재임용에서 탈락시켰다. 김 교수는 대학당국이 학교의 명예실추를 지나치게 우려해서 자신에게 불이익을 준 것으로 판단하고 이에 불복하여 사법재판을 통해 그 부당성을 호소하였으나 재판부가 대학당국의 손을 들어줌으로써 이에 격분한 나머지 그는 2007년 1월 15일 당시 최종판결을 맡았던 현직 부장판사에게 석궁테러사건을 일으키었다.

장마근심

여름날 장마
매년 때 되면 줄기차게 오는 비
허나 요즘은
가끔 조퇴하고 지각도 한다지요
그 요량 없이 오는 비를 맞는
시인의 마음은 산란하다오

영리한 과학자는
'서쪽에 해 뜨는 한 있어도
법칙만은 존중했다' 하오
현명한 정치인은
'하늘이 무너지는 일 있어도
질서만은 책임졌다' 하오

헌데도 어째 예처럼
그 순박하게 비 오지 않으면
처마 밑 상심의 시인은
장마의 추억이 그리워져
고뇌 가득한 마음으로
옛 비구름 만드는 법 배워서
조퇴하고 지각하는 장마
모범생 되게 해주고 싶다오

작지만 예민한

생길 땐
작았어도
자라 크는 법
그러나 끝내 우리를
자라지 못한 우리를 향해
서러워하던 이가 울고 말았다
힘차게 발돋움하며
일어서도 봤지만
모두 작아 다시 울었다

거짓말이다
언제까지나 작아도 좋다는 이야기는
마음먹기에 달린 법
누가 키워줬다는 풍문에
흔들리지 말자
지금 이 순간부터는 코뿔소의 계획처럼
막 튼 싹의 결의를 알려
힘없이 앞에서 슬퍼하던 이를
미소 짓게 하자

나의 민족 작지만
타인의 외투를 벗고 한번
맨살로 예민해보자

아파트공화국

처음엔 진정 그랬었다
셋방살이 눈물 거두려
숙원사업 정책 차원에
통치헌금 점잖게 품고
아파트는 최소한 그렇게 첫 방출되었다

숙원움터 이백만호 넘어
살림집 소박관념을 넘어
주택도매상이 선불 받고
소매상에게 유통된 상품
아파트는 최대한 그렇게 공터에 살포되었다

이십년 민주정치 중 내내
투기의 최적 양생을 위해
빚쟁이의 돈물 세례 받아
건국된 아파트공화국에선
일꾼도 그 샘터건설 창립지분을 향유했다

한 학자가 이 현상으로 인해
횡재하듯 박사가 된 사태를
저 먼 프랑스에서 자축하며
그 싸구려숙소가 이 땅에서
고급주거용 맨션으로 둔갑된 사연을 밝힌다

시한폭탄 아파트 공화국에서
셋방의 눈물과 은행 돈줄과
통치고물을 시멘트와 섞으면
투기열기로 화학반응이 되어
그 공화국이 무한팽창되는 이론을 설한다

팽창된 주공과 토개공 역시도
무한팽창 위해 서로 다투는데
화학반응 법칙에 책임은 없다
단지 폭발 그 반응 끝에 오면
그 파편의 상흔 누가 안고 살지 애달플 뿐

* 프랑스의 여류 지리학자 발레리 줄레조 교수는 2003년 '한국의 아파트 연구'로 박사학위를 받은 뒤 그녀의 동일 제목의 책을 개작하여 2007년 2월 '아파트공화국'이라는 저서를 출간하였다. 여기에서 저자는 건축가 '르 코르뷔지에'가 주창했던 주거개념인 '살기위한 기계'로써의 아파트가 프랑스에서는 빈민층의 주택(씨테: 저급한 생활환경을 뜻함)으로 사용되는데 반해 한국에서는 중산층의 부의 상징이 되고 있는 기이한 사회현상의 배경을 설명한다.

욕심 부르는 9월

선들 해야 할 가을
9월 들어
보름이 다 가는데도
방은 아직 후덥근
창문을 젖히니
바람이 제법 시원
하지만 올해 지나 곧
아열대가 상륙한다 하니
마냥 축 늘어지기만 할 더위를
그저 순 꾀로만 버틸 방도 없을지

가령 몸이 파충류인양
절로 체온이 변하는
다만 고급생명체 체면을 살려
사람모양새는 안 바뀌는 조건으로
일류문명은 안 바뀌는 조건으로
자동차는 계속 타는 조건으로
탄소로도 호흡되는 조건으로

지나친 욕심일까

그렇다면
문명을 정체시키고
체온도 정체시켜서
탄소공포가 정지되고
변태공포도 정지되어
9월은 그저 선들하기만 해도 족한
그런 옛 가을바람을 느끼고 싶어한다면

아! 이마저 욕심일까

아! 숭례문

본디 죽은 기왓장이 살아있었을 리 없다
600년을 침묵한 천정, 기둥이 산 것일 리 만무하다
숭례문은 처음부터 죽어있었음이 분명하다
헌데 스물스물 겨드랑 도리에 석가래 팔에 불이 붙고
턱주가리 천정으로 옮겨 붙자
숭례문은 느닷없이 살려달라고 비명 지른다

「머리털이 없어져 대머리 될까봐 지르는 게 아니오
턱이 달아나 합죽 할방 될까봐
팔이 떨어져 외팔이가 될까봐
다리가 무너져 앉은뱅이 될까봐
무서워 그러는 게 아니오
이것저것 없어진 내 모습 때문에
조선역사가 사라져 없어질까 두려워 지르는 게요
조급한 통치자도 그랬소
방화범도 그랬소
내 모습만 복원되면 멀쩡 다 복원된다 했소
그렇지 않소
그렇지 않소
머리털이 없어졌을 때 내 흰머리가 사라졌소
턱이 달아났을 때 내 수염이
팔이 떨어졌을 때 질곡을 지나온 굵은 핏줄이
다리가 무너졌을 때 600년을 서 있었던 꼿꼿한 긍지가
아, 이 모든 살아있었던 흔적들이 사라졌소

재물주의자들인 그들이
낙천주의자들인 그들이
또 지으면 그만이라는 새 숭례문은
곧 만방에 제시하겠다는 그 새로운 증거물은
살아있었던 조선시대는 다시는 입증 할 수 없는
모조품에 불과한 것이오.
옛 삶의 흔적으로 말미암아 지금의 대한민국임을
수긍케 하고 싶어도 결코 할 수 없는 가짜역사란 말이오
재물만 있고 역사는 없는 죽은 문화재란 말이오」

숭례문의 비명은
아니 비명 같은 증언은 너무나 생생하다
아! 숭례문은 살아있었던 것이다

작품해설

미래의식에 과녁을 조준하는 철학시

안문길 (소설가, 문학평론가)

미래의식에 과녁을 조준하는 철학시

안문길 (소설가. 문학평론가)

원종열, 그는 시인이 되고 싶어 시를 쓴 게 아니다. 그는 한 때 생계에 투철한 성공적인 자영업인이었다. 그러던 중 느닷없이 들이닥친 IMF 환란에 속절없이 사업이 기울면서 해오던 일이 한산해진 틈을 타 시심이 불현듯 그의 먹먹한 마음에 밀물처럼 밀려들어온 우연한 계기가 있었다. 이후 그는 자신의 젊은 시절 삶의 본질에 대한 치열했던 고뇌를 시로 옮기기 시작한다.

욕망이란,
끝을 모르면서
끝을 넘으려는
끝없는 날갯짓
인생이란,
나를 모르면서
또 다른 내가 되려는
영원한 몸짓

-「인생이란」 전문

끝을 모르면서 끝을 넘으려는, 나를 모르면서 또 다른

내가 되려는 인생, 이제 막 그를 다른 인생길로 인도한 시적 번민은 스스로 또 다른 번민을 낳기 마련이다. 사실 그의 삶이 미로의 길로 들어선 것은 그가 배워 이제껏 간직했던 사고와는 전혀 다른 철인들 세계와의 만남에서였다.

쇼펜하우어는 생生의 본本을 의지라 하고
와일드 엘자는 그 의지를 향유하였다
아침부터 가난에 술타령하는 친구는
돈이 인생을 구속시킨다며 탄식한다
부처는 사는 것이 본시 구속이라 하고
예수는 내세 믿으면 자유로워진다 한다
공자는 무지가 삶을 구속시킨다 하고
맑스는 재물이 의지를 해방시킨다 한다
사회주의자인 맑스를 싫어하는 우리 친구
허나 인생관은 부처 예수 공자와도 다르다
아, 삶 이전에는 의지가 필요 없었을 테니
구속,자유도 이 모든 이에게 관심없었으리

-「구속과 자유」 전문

그렇다. 삶 이전의 무의지 세계에서 구속과 자유의 구분이 무슨 의미이랴. 허나 의지의 세계에서는 구속과 자유에의 형이상학적 관심이야말로 필연적 숙명이니 그가 철의 세계로 뛰어들었을 때 철인들과 동행할 수밖에 없었던 것 또한 필연적 숙명이리라. 그것이 그가 짊어진 운명이며 속 된 말로 팔자임으로……. 철의 길로 들어선 그는 철인들이 분출하는 투철한 인식에 고개를 끄덕이지 않을 수 없었을 것이다. 어느 때부턴가 그는 그들이 쏟아낸 논리를 다듬어 시어로 탈바꿈시키는 작업에 몰입하였다. 또 다른 내가 되려는 영원의 바다에 들어 노를 젓기 시작한 것이다. 하지만 원종열은 그들의 사고를 그대로 답습하거나 인지하기를 거부한다. 때때로 그의 내면이 그들 사고 저 쪽에 있기 때문이다.

'죽어지지 않으면
 살아지지도 않는거야' 하며
한숨짓는 그대의 모습은
하늘에 하늘대는 나비가 아니라
절벽 비스듬 피인 꽃이었네
그 가여운 꽃을 향해 벼랑끝으로
나는 한 걸음에 달려갔건만
아름다운 나비가 먼저
꽃을 위로하고 있었다네

-「아름다운 나비가 먼저」 전문

원종열 시인은 냉철한 사고에 익숙하지만 가슴 깊이의 감성과 정서를 먼저 의식한다. 그의 시가 표피적 감성과 정서에 의존한 것이었다면 기존에 난무하는 언어나열의 시들과 다를 바 없을 것이다. 그는 때로 현인을 혼란시키고 희롱하기도 한다.

한 노인이 강물을 붙잡으려 그물을 던지니 강물은 저 멀리 달아나고 물고기 한 마리 잡혔더라.

-중략-

「네가 태어나 참 세계가 무인지를 여태껏 모르고 사는

너는 '지금 꿈을 꾸고 있거나' 아니면 '환상 속에 살고 있거나'
둘 중 하나일 테니
네가 진짜 생시에 있는지 아닌지를 알기 위해서는
나를 건져 보아라.」

-중략-

「강바닥에 누운 나와
강물에 비친 나와
네 눈 속에 있는 나를
동시에 건져야 하느니라.」

-「생시生時」 중에서

여기엔 노장사상에 현대인식론을 융합한 사유가 내재되었음을 볼 수 있다. 그는 선각자들이 내세운 잠재의식의 흐름보다 좀 더 깊은 미래의식에 과녁을 조준한다. 오랜 세월 후에나 내밀 미래의식……. 그는 '예술의 의미'에 초점을 맞추고 이렇게 읊었다.

철학이 회의懷疑로
진리그릇을 빚는다면
종교는 믿음으로
진리구슬을 가득 담고
과학이 감각으로
구슬에 오색 이름을 붙이면
찬란한 보석으로 엮는 것은
예술의 몫

-「예술의 몫」 전문

인간이 생애에서 궁극적으로 추구하는 것이 미의 세계이다. 예술은 아름다움을 탄생시키는 산실이며 보고이다. 예술 중 가장 우위에 선 것이 시이므로 그 몫은 당연히 찬란한 보석으로 엮어 내야한다. 원종열의 시는 자유분방하다. 어느 한 곳에 머무르지 않고 종교, 철학, 사회, 과학, 예술 어디든 넘보고 달려든다. 시간과 공간을 초월하고, 삶과 죽음을 넘나든다. 전 후생을 여과 없이 통과하기도 한다.

안드로메다에 가서 맨드라미를 가꾸며 우주를 유영하다가 평등산에 올라 바위가 되고, 칸트와 순수이성론을 펴다가 고갱과 함께 타이티로 가서 태초의 아름다움을 찰나로 억압하기도 한다. 시인은 말한다. '삶과 사물에 대한 끈질긴 통찰 없이는 시상을 떠올리기 어렵습니다. 그리고 진실을 타자와 공유 할 세계관을 뇌리와 가슴에 담아놔야 한 줄의 시를 탄생시킬 수 있습니다.' 그러므로 그의 시 하나 하나에는 남들이 미처 인지하지 못했던 예지가 숨어 있다. 그것은 원종열 시인이 선천적으로 갖춘 천재성에 기인한 것이기도 하다.

그는 눈물이 많다. 세상살이에서 분초마다 부딪치는 것들이 모두 연극이며 순간순간 절정과 대단원을 연출한다고 단언하기에 그에 따른 전율은 곧 눈물이 된다. 이때 온몸에 스미는 카타르시스는 그로 하여금 배설로 흩뿌리는 눈물방울을 눈송이로 승화시켜 시나브로 명시를 피워내는 작용을 한다. 그는 문학을 이렇게 말했다.

철학이 만일
무게 모를 고뇌를
등위에 지고

산을 오른다면
문학이란,
숲 어디서 날아와
등짐 위
벗하는 나비!

-「문학이란」 전문

참, 아름다운 발상이다. 요즈음 시인들이 나름대로 수많은 시를 발표하지만 심오한 내면의식에서 뽑아 올리는 상징보다는 즉흥적 느낌으로 던져 낸 묘사나 서술이 많음을 간과하지 않을 수 없다.

나는 원종열 시인을 미래의식에 과녁을 조준하는 철학시인이라고 이미 정의했다. 이번 원종열 시인의 제 2시집 '날개의 책무'에서 시의 본체가 무엇이며 시가 사물의 어느 깊이에까지 침투할 수 있는지 눈여겨보기를 기대한다.

안 문 길 평론가

인천고등학교 졸업
고려대학교 국어국문학과 졸업
충암고등학교 국어교사 역임
한국소설가협회 감사
한국문인협회 회원
은평문인협회 자문위원
계간 스토리문학 추천심사위원

작품저서
장편소설 『훈민정음』, 『공무도하가』, 『왕오천축기』
『다라국 옥전여왕』, 『대가야』, 『현인들의 형이중학』
단편소설 『오뚜기의 신화』, 『새세향 프로젝트』
『춤 빛 그리고 꿈』
석 해 집 『다시 읽는 목민심서』
수 필 집 『아름다운 시절』
위 인 전 『앙리뒤낭』

수상경력
스토리문학대상, 은평문학상 등 다수

이 도서의 국립중앙도서관 출판예정도서목록(CIP)은 서지정보유통지원시스템 홈페이지(http://seoji.nl.go.kr)와 국가자료종합목록시스템(http://www.nl.go.kr/kolisnet)에서 이용하실 수 있습니다.

(CIP제어번호 : CIP2019008415)

원종열 시집

날개의 책무

초판인쇄일 2019년 3월 20일
초판발행일 2019년 3월 25일

지은이 : 원종열

펴낸곳 : 도서출판 문학공원
발행인 : 김순진
편집장 : 전하라
디자인 : 김초롱
등　록 : 2004년 3월 9일 제6-706호
주　소 : (03382)서울 은평구 통일로 633
녹번오피스텔 501호 스토리문학사
전　화 : 02-2234-1666
팩　스 : 02-2236-1666
홈페이지 : http://cafe.daum.net/yob51
이메일 : 4615562@hanmail.net

※ 잘못된 책은 교환해 드립니다.

※ 책값은 뒤표지에 있습니다.